おいしく食べられる
山野草の料理

道下 暁子 著

ナカニシヤ出版

はじめに

　幼かった子どもたちを連れ、家族で連休や夏休みに金剛山に登ったころが懐かしく想い出されます。
　あれから50年が経ち、この５月16日におかげさまで"2000回登山達成‼"となりました。登るごとに頂上で捺印してもらうのですが、一枚で10回分のカードも、いつの間にやら200枚。感慨深いものがあります。
　母の影響もあり、もともと花が好きだったのですが、金剛山に登る道々にひっそりと咲いている山野草の名前が覚えられたらと、５年前に写真クラブに入れていただきました。週に一度、先生やクラブの皆さん７～８名で、山野草を撮りながらの楽しい登山。四季折々、懸命に咲く花に、どれほど心癒されたことでしょう。
　山野草のマイアルバムを作って写真を貼り、花の特徴やネーミングのいわれなどを図書館で調べて書き添えるのが、楽しみのひとつとなりました。素人ながら写真に撮り、調べた山野草が350種類あまりになったころ、写真の先生がおっしゃいました。
　「花の写真を撮るかたわら、あなただからこそできるものに挑戦してみては？」
　私だからできること──。
　何だろうと考えました。私は食べることが大好きで、工夫をこらしながら料理をするのはもっと好き。もし食べてくれた人に喜んでもらえたなら、それが何よりの喜びです。たまたま私は家庭科の教員免許を持っていて、運良く大学や料理教室で教える機会をいただいてきました。長年、献立を考えたり、調理法の研究をしたりもしてきました。

写真の先生からの心あるアドバイスを受け、「食べられる山野草のレシピ」に取り組もうと思い立ったのが３年前のこと。まずは図書館に通い、植物図鑑で「食べられる山野草」を調べることから始めました。実際に山で採ってきた山野草をどのようにして食べるとおいしいか、試行錯誤を繰り返すのも大きな楽しみのひとつで、「金剛山の食べられる山野草」と背表紙に書いたマイアルバムに、コツコツとレシピを加えていきました。

　料理の種類が80を超えたころ、友人たちの「出版してみては？」のことばに最初は驚き、そして優しい思いやりに背中を押してもらい、すっかりその気になって作ったのが、この本です。

　山野草の立姿、料理をする前の素材、そしてレシピ付きの出来上がった料理、一目見れば何が作れるのか、写真を中心にしてまとめました。薬効のある身近な山野草を気軽に使って、夕げの一時を楽しんでいただければ幸いです。

　2012年７月

　　　　　　　　　　　　　　　　　　　　　　　　　　　　道下　暁子

#　も　く　じ

　　はじめに ────────────────────────────── 2
1. オオバコ〈大葉子〉──── 利尿効果と腫れ物の消炎効果 ──（1月～7月）── 6
2. ユキノシタ〈雪の下〉──── 春を告げるオツな味 ──（1月～12月）── 8
3. リョウブ〈令法〉──── つるつるの幹は建材にも ──（3月～4月）── 10
4. ゲンノショウコ〈現の証拠〉──── 薬効大なり！の民間薬 ──（3月～4月）── 12
5. ニリンソウ〈二輪草〉──── キンポウゲ科で唯一食べられる ──（3月～5月）── 14
6. イタドリ〈虎杖、痛取〉──── 酸味がおいしさに！ ──（3月～5月）── 16
7. タンポポ〈蒲公英〉──── 根はコーヒーの代用にも ──（3月～5月）── 18
8. カキドオシ〈垣通し〉──── タイムのような芳香 ──（3月～6月）── 20
9. ハルジオン〈春紫苑〉──── 身近な野草も意外とイケます ──（3月～7月）── 22
10. スイカズラ〈吸蔓〉──── 初夏のさわやかなオツな味のサラダ ──（3月～7月）── 24
11. ヤブカンゾウ〈藪萱草〉──── シャキシャキとした食感 ──（3月～8月）── 26
12. アザミ〈薊〉──── 葉は天ぷら、若い根は味噌漬けに ──（4月）── 28
13. ユリワサビ〈百合山葵〉──── さわやかな辛みが魅力 ──（4月）── 30
14. コシアブラ〈漉油〉──── 脂肪・蛋白質が多く栄養価が高い ──（4月～5月）── 32
15. ユキザサ〈雪笹〉──── シャキシャキ感のある春の味 ──（4月～5月）── 34
16. ウワバミソウ〈蟒蛇草〉──── シャキシャキ感が新鮮なおいしさに ──（4月～5月）── 36
17. ミツバ〈三ツ葉〉──── 驚くほど風味抜群 ──（4月～5月）── 40
18. キンミズヒキ〈金水引〉──── 口内炎や下痢止めに ──（4月～5月）── 42
19. モミジガサ〈紅葉笠〉──── シドケと呼ばれる人気の高い山菜 ──（4月～6月）── 44

20.	オオバギボウシ〈大葉擬宝珠〉	うるいとして親しまれる人気者	（4月～6月）	48
21.	ハナイカダ〈花筏〉	世にも珍しい、筏に乗った花	（4月～6月）	52
22.	ミヤマカタバミ〈深山傍食〉	シュウ酸含有のため、多食は禁物	（4月～9月）	54
23.	ドクダミ〈毒溜〉	切り傷や動脈硬化にも有効	（5月）	56
24.	タラノキ〈楤木〉	山菜料理の王様	（5月～6月）	58
25.	サルトリイバラ〈猿捕茨〉	お茶やタバコの代用品	（5月～6月）	60
26.	マタタビ〈木天蓼〉	柔らかくておいしい	（5月～6月）	62
27.	イワタバコ〈岩煙草〉	ほろ苦さが持ち味で旨い	（5月～7月）	64
28.	ミョウガ〈茗荷〉	夏バテ防止の立役者	（8月～9月）	66
29.	ヤマユリ〈山百合〉	甘く上品な香りも魅力	（9月～3月）	68
30.	ツユクサ〈露草〉	柔らかくておいしい	（9月～3月）	72
31.	ミツバアケビ〈三葉木通〉	苦みが旨味のおとなの味	（9月～10月）	74
32.	ヤマノイモ〈山の芋〉	栄養価の高い秋の味	（11月～12月）	76
33.	ウバユリ〈姥百合〉	山で見かけるとギョッとする花？	（11月～1月）	78

食べられない有毒性のある山野草 ―――― 80
山野草・料理別索引〈付 一口アドバイス〉 ―――― 85
あとがき ―――― 88

1 オオバコ 〈大葉子〉 |消炎・利尿効果と咳止め、痰きり、下痢止め|
|オオバコ科|

生育地	平地から山地の道端、田端の畔。
分　布	北海道、本州、四国、九州。
花　期	３月〜９月。
採取時期	１月〜７月。
おすすめ	利尿効果と腫れ物の消炎効果もある。
下ごしらえ	塩熱湯でさっと茹でて水にとる。

大きい葉が特徴です。

アクが少ないのも魅力。

山菜名の由来 葉が大きいことから大葉子という。

中華風和え物

材料 (2人分)

- オオバコ …… 100g

〈錦糸卵〉
- 卵 …………… 1個
- 塩 …………… 少々

〈かけ汁〉
- 濃い口醤油 … 大2 1/2
- 砂糖 ………… 大1 1/2
- 胡麻油 ……… 小1
- 練りからし … 小1/2

〈椎茸の旨煮〉
- 椎茸 ………… 2枚
- 浸け汁 ……… ひたひた
- 砂糖 ………… 小2
- 醤油 ………… 小1

＊ひたひた
食材が隠れるか、隠れない程度の量

作り方

下ごしらえして食べやすい大きさに切ったオオバコと、錦糸卵、細く切った椎茸を盛り合わせ、調味料を混ぜてかけ汁を作り、上からかける。

目先を変えて、中華風に。

バター炒め

材料 (2人分)

- 生のオオバコ …… 100g
- バター …………… 大1
- 塩、胡椒 ………… 少々

作り方

食べやすい大きさに切ったオオバコをバターで炒め、塩・胡椒で味を調える。

バターともよく合います。

オオバコ

2 ユキノシタ 〈雪の下〉　| 春を告げるオツな味 |

| ユキノシタ科 |　別名： イドグサ・イワブキ・イワカズラ・ユキノ舌・イドバス

| 生 育 地 | 山野の林のへりの湿地。
| 分　　布 | 本州、四国、九州。
| 花　　期 | 5月～7月。
| 採取時期 | 1月～12月。葉は一年中、食べられる。
| 下ごしらえ | 塩熱湯で軽く茹でて、水に取る。

民間薬としても親しまれています。

若芽は特に赤紫色が濃く、鮮やか。

| 山菜名の由来 | 5枚の花弁の内、下側の2枚が雪のように真っ白で、長い舌状のため、"雪の舌"に（上の3枚は、淡い紅色で、赤紫の斑点がある）。また、雪のような白い花の下に緑の葉のあることから、という説も。 |

天ぷら

材料（2人分）
- ユキノシタ……………7〜10枚
- 衣として、薄力粉、溶き卵、冷水
- 揚げ油

作り方
生のユキノシタの葉の裏側のみに薄く衣をつけ、低めの温度で揚げる。天つゆや塩を添えて。

"白雪揚げ"と呼ばれることも。オツな味。

鶏肉のはさみ揚げ

材料（2人分）
- 鶏ひき肉……………150g
- 人参……………10g
- もどし椎茸……………1枚
- 卵……………1/2個
- 酒……………小1
- 塩……………小1/3
- ユキノシタの葉……10枚
- 小麦粉……………適宜
- 衣として、薄力粉、溶き卵、冷水
- 揚げ油
- 天つゆ

作り方
1. 鶏ひき肉に、みじん切りにした人参、もどし椎茸、溶き卵、調味料を入れてよく混ぜ、5等分にしてまとめる。
2. ユキノシタの葉の裏側に小麦粉をつけ、2枚で❶をひとつずつ挟み、軽く押さて形を整える。
3. ❷に薄い衣をつけ、ゆっくりと揚げ、ふたつ切りにして、天つゆを添える。

アツアツの揚げたてをどうぞ。

<u>ユキノシタ</u>

3 リョウブ 〈令法〉

［リョウブ科］　別名：サルダメシ・ハタツモリ・リョウボ

―つるつるの幹は建材にも―

山菜名の由来
かつて"救荒植物"として、採取と貯蔵を命じる令法が発せられたことから、リョウブに。

高木で、青々と葉を茂らせます。

生育地	山地や丘陵の雑木林。
分　布	北海道南部、本州、四国、九州。
花　期	6月～8月。
採取時期	3月～4月。枝の先に固まってつく若葉を採る。
おすすめ	春に若葉を摘み、蒸してゴザの上に広げ乾燥させたものを保存、貯蔵。使うときに水でもどす。
下ごしらえ	塩熱湯で茹で、水にさらして固く絞る。

若芽は柔らかく、淡白な味。

リョウブ飯

材料（4人分）
- リョウブの葉 ………… 50g
- ちりめんじゃこ ……… 20g
- サラダ油 ………… 大1弱
- 塩 ………………………… 少々
- 米 …………………………… 2c
- 水 ………………… 2 1/4c
- 酒 ……………………… 大2
- 塩 …………………… 小2/3
- だしの素 …… 小1 1/2

作り方

❶ 米をとぎ、水に浸けて、調味料を加えて炊き上げる。
❷ 下ごしらえしたリョウブの葉は細かく刻む。
❸ フライパンにサラダ油を入れて温め、❷を炒め、ちりめんじゃこを加えてさらに炒め、塩で下味をつける。
❹ 炊きあがったご飯に❸を混ぜ合わせる。

平安時代からある、リョウブ飯。

天ぷら

材料
- 生のリョウブの葉 ……………………… 適宜
- 衣として、薄力粉、溶き卵、冷水
- 揚げ油
- 天つゆ

作り方

❶ リョウブの葉に衣を薄くつけ、低温の油でゆっくりと揚げる。
❷ 天つゆを添える。

昔は非常食として用いられた葉を天ぷらに。

ちらし寿司

材料
- リョウブの葉 …… 適宜
- 寿司飯 ……………… 適宜
- 炒り卵、エビなど

作り方

❶ 下ごしらえして細かく刻んだリョウブの葉を寿司飯と混ぜ合わせる。
❷ 上置きに、炒り卵やエビを飾る。

色鮮やかなちらし寿司。

リョウブ

4 ゲンノショウコ〈現の証拠〉 | 薬効大なり！の民間薬 |

| フウロウ科 |　別名 ： イシャシラズ・イシャナカセ・ウメヅル・クリリハナ

生育地	山野。
分布	北海道、本州、四国、九州。
花期	7月〜8月。
採取時期	3月〜4月。
おすすめ	干したものを煎じて飲めば、下痢止めに。
下ごしらえ	ひとつまみの塩を加えて茹で、水にさらす。

若葉は有毒植物と似ているので、必ず花で確認を。

花にはピンクと白があります。

| 山菜名の由来 | 下痢などに対する薬効(証拠)が必ず"現"れるので、現の証拠(ゲンノショウコ)に。 |

天ぷら

材料
- ゲンノショウコの若芽 ………… 適宜
- 衣として、薄力粉、溶き卵、冷水
- 揚げ油
- 天つゆ、大根おろし ………… 適宜

〈天つゆ〉
- だし汁100cc、醤油25cc、みりん25cc

作り方
生のゲンノショウコに薄い衣をつけ、低温の油でカラッと揚げる。天つゆに大根おろしを添えて。

食あたりにもよいそうです。

エビとの黄身酢和え

材料(2人分)
- ゲンノショウコ ………… 120g
- エビ ………… 2～3尾

〈黄身酢〉
- だし汁 …… 50cc
- 酢 ……… 大1/2
- 卵黄 …… 1/2個
- 塩 ………… 少々
- みりん、砂糖 …… 各小1/3
- 水溶き片栗粉 ……… 少々

作り方
1. 下ごしらえしたゲンノショウコは2cmくらいに切り、茹でたエビと混ぜる。
2. 黄身酢の材料を湯煎にかけ、よく混ぜ合わせる。
3. エビとゲンノショウコを黄身酢で和える。

葉も茎も柔らかく食べやすい。

ゲンノショウコ

5 ニリンソウ 〈二輪草〉 | キンポウゲ科で唯一食べられる |

| キンポウゲ科 |　　別名 : フクラベ・コモチバナ・コモチグサ

生育地	丘陵や山地の林下、藪など。
分　布	北海道、本州、四国、九州。
花　期	3月～5月。
採取時期	北海道は5月、東北は4月～5月、その他は3月。有毒植物として有名なトリカブトも同じキンポウゲ科で、葉が酷似しているため、注意が必要。花をつけたまま茎や葉を摘み取りましょう(トリカブトの花は紫、形状も異なります)。
下ごしらえ	花のついたまま塩熱湯で茹で、水にさらしてアクをとる。

春の訪れを告げる妖精のようです。　　葉が猛毒のトリカブトと似ているので要注意。

| 山菜名の由来 | 1本の茎から2本の柄を出し、二輪の花をつけることから、"二輪"草に。 |

お浸し

材料
- ニリンソウ………適宜
- 鰹節
- 醤油………適宜

作り方

下ごしらえしたニリンソウを3cmに切り、醤油とだし汁で和えて、鰹節をふりかける。

三ツ葉のお浸しに似た味わい。

からし和えと味噌汁の浮かし

材料
- ニリンソウ………適宜
- からし, 醤油………適宜
- 味噌汁

作り方

〈からし和え〉
下ごしらえしたニリンソウを2～3cmに切り、からし醤油で和える。

〈味噌汁の浮かし〉
椀に盛った味噌汁に、ニリンソウを入れる。

味噌汁によく合います。

ニリンソウ

6 イタドリ 〈虎杖、痛取〉

［タデ科］

別名：タジイ・ヤマウメ・スイカンポ・スカンポ・ドングイ

［酸味がおいしさに！］

山菜名の由来
同じタデ科で、やはり酸味のあるスイバと味が似ているのと、茎が中空で折るときにカポンと音がするのとで、スカンポと呼ばれるように。

茎は空洞で、折るときにカポンと音がします。

生育地	町中の空き地、道端、山地。
分布	北海道、本州、四国、九州。
花期	7月〜8月。
採取時期	3月〜5月。春の出始めの茎を折りとる。2mにも育ちます。
下ごしらえ	熱湯をかけて皮を剝き、水にさらしてアクをとる。

天ぷら

材料
- イタドリ ……………… 適宜
- 衣として、薄力粉、溶き卵、冷水
- 揚げ油　・天つゆ、大根おろし

作り方
❶ 生のままのイタドリの穂先の柔らかいところに薄い衣をつけ、カラリと揚げる。
❷ 天つゆと大根おろしを添える。

酸味があるので天つゆでどうぞ。

ちらし寿司

材料（6人分）
- 米 3c
- 水 3.3c
- 酒 大3
- だし昆布 5cm角
- ちりめんじゃこ ... 30g
- イタドリ 3本
- エビ .... 5〜6尾

〈合わせ酢〉
- 酢、砂糖 … 各大4
- 塩 小2

〈下味用〉
- だし汁 …… 150cc
- 酒 大2
- 醤油 …… 大1 1/2
- 塩 .... 少々

作り方

❶ 下ごしらえしたイタドリを細かく刻み、だし汁で炊いて下味をつける。

❷ ちりめんじゃこはザルに広げて熱湯をかけておく。

❸ エビは殻ごと茹でてから2枚にそぐ。

❹ 酒と昆布を入れて米を炊き、炊きあがったら合わせ酢と合わせて寿司飯にする。

❺ 寿司飯に、❶と❷を混ぜ合わせ、❸のエビを飾る。

＊イタドリの酸味が寿司飯とよく合う。

インゲンの胡麻和えと茶碗蒸しを添えて。

炒め煮

材料（2人分）
- イタドリ … 3〜4本
- 胡麻油 大2
- だし汁 ……… 150cc
- 砂糖、醤油 …… 適宜
- 鰹節 .... 少々

作り方

❶ 下ごしらえしたイタドリを斜め切りにする。

❷ 胡麻油で炒め、だしと調味料を加えて炊きあげる。

❸ 皿に盛りつけ、鰹節をふりかける。

胡麻油との相性は抜群です。

イタドリ

7 タンポポ〈蒲公英〉

[キク科] 別名∷タンポグサ・ムジナ・ツツミグサ・クジナ

―根はコーヒーの代用にも―

生命力の強いタンポポはどこからでも顔を出す。

山菜名の由来

古くは蕾が似ていたためか、鼓草と呼ばれていた。鼓を叩く音から、タンポポに転じた説、また、綿毛のような種子が、綿を丸めて布でくるんだタンポに似ているからという説など。

生育地	野原、道端。
分布	北海道、本州、四国、九州。
花期	3月～5月。
採取時期	3月～5月。開花前の若葉を摘む。
おすすめ	根を乾燥させ、ミキサーで粉状にして、タンポポコーヒーに。若葉は生のまま天ぷらにしても。また、花の天ぷらもさっくりしていて美味。
下ごしらえ	塩熱湯で茹でて、水にさらす。

開花前の若く柔らかい葉はサラダにしても。

胡麻和え

材料（2人分）
- ・タンポポの若葉……… 100g
- ・白胡麻……………… 大4
- ・だし汁……………… 大1
- ・砂糖、醤油………… 各大2/3

作り方

❶ 下ごしらえしたタンポポを3cmに切る。

❷ すり鉢で炒った白胡麻をよくすり、砂糖、醤油を加えてだし汁で溶きのばし、❶を和える。

副菜にも、酒の肴にもおすすめ。

ベーコンとの炒め物

材料（2人分）
- ・タンポポの葉……… 100g
- ・ベーコン…………… 30g
- ・サラダ油…………… 大1
- ・塩、胡椒…………… 少々

作り方

❶ フライパンでサラダ油を温め、ベーコンを炒める。

❷ 食べやすい大きさに切った生のタンポポの葉を❶に加えて炒め、塩・胡椒で味を調える。

油と相性がよく、ベーコンともばっちり。

タンポポ

8 カキドオシ〈垣通し〉 | タイムのような芳香

| シソ科 | 別名：カントリグサ

| 生育地 | 平地の野原や土手、庭など。
| 分　布 | 北海道、本州、四国、九州。
| 花　期 | 4月～5月。
| 採取時期 | 九州では3月、本州、四国は4月～5月、北海道は6月。花が咲き終わる前の若くて柔らかな葉茎を根元から摘む。
| おすすめ | 別名にカントリグサとあるように、昔から民間薬として、花のついた全草を干して煎じたものを、子どもの疳を治すのに用いてきた。
| 下ごしらえ | 塩熱湯で茹でて、水にさらす。

薄い斑点のある薄い青紫、赤紫の花が愛らしい。

茎、花ごと食す。

> | 山菜名の由来 | 垣根をくぐり抜けて伸びていくことから"垣根通し"と呼ばれ、それが詰まってカキドオシとなった。 |

天ぷら

材料
- ・生のカキドオシ‥‥‥‥‥適宜
- ・衣として、薄力粉、溶き卵、冷水
- ・揚げ油
- ・天つゆ

作り方
1. 生のカキドオシに薄く衣をつけ、揚げる。
2. お好みで、天つゆ、大根おろし、抹茶塩などを添える。

天つゆと茶碗蒸しを添えて。日本酒にも。

胡麻和え

材料（2人分）
- ・カキドオシ‥‥‥‥‥100g
- ・胡麻‥‥‥‥‥‥‥‥大4
- ・醤油‥‥‥‥‥‥‥‥大2/3
- ・砂糖‥‥‥‥‥‥‥‥小1
- ・だし汁‥‥‥‥‥‥‥大1

作り方
1. 下ごしらえしたカキドオシを3～4cmに切る。
2. 炒った胡麻をよくすり、醤油、砂糖、だし汁を少々加えて下味をつける。
3. 1を2で和える。

ちょうどよい箸休めに。

カキドオシ

9 ハルジオン〈春紫苑〉 | 身近な野草も意外とイケます

| キク科 | 別名：ビンボウグサ

| 生育地 | 市街地。
| 分　布 | 北海道、本州、四国、九州。
| 花　期 | 4月〜7月。
| 採取時期 | 3月〜7月。
| おすすめ | 春先の若苗が食べごろ。花がついたまま天ぷらに。
| 下ごしらえ | 塩熱湯で茹でて、水にさらしておく。

蕾のときは枝ごと垂れています。　　見慣れている花も、じっくり見ると愛らしい。

| 山菜名の由来 | 秋に咲く紫苑に対して、春に咲く紫苑で、ハルジオン。 |

天ぷら

材料
- ・ハルジオン……………………適宜
- ・衣として、薄力粉、溶き卵、冷水
- ・揚げ油
- ・天つゆ、大根おろし

作り方

❶ 生のままの花のついたハルジオンの茎を2～3本まとめて束ねるようにして衣をつけ、低温の油で揚げる。

❷ 天つゆと大根おろしを添えて。

キク科のものは、油とよく合います。

きゅうりとの酢の物

材料（2人分）
- ・ハルジオン……………100g
- ・きゅうり………………1本
- ・塩………………………少々

〈甘酢〉
- ・酢…………大2
- ・砂糖………大1 1/2
- ・塩…………小1/3
- ・だし汁……大1

作り方

❶ ハルジオンは下ごしらえする。

❷ きゅうりは薄い輪切りにし、塩少々をして揉み、軽く絞る。

❸ 水気を絞り2cmに切ったハルジオンと❷を混ぜ合わせ、甘酢で和える。

散歩で見つけたら、酢の物にいかが？

ハルジオン

10 スイカズラ 〈吸蔓〉 | 初夏のさわやかなオツな味のサラダ |

|スイカズラ科| 別名：スイスイバナ・スイバナ・忍冬（ニントウ）・カヅラ・キンギンカ

生育地	山野。
分　布	北海道、本州、四国、九州。
花　期	初夏に二輪ずつ対になって咲く。甘く高い香りが特徴。
採取時期	３月〜７月。若葉は春に、花は初夏に摘む。
下ごしらえ	花はきれいに洗って、水気を切る。若葉は塩熱湯で茹で、水によくさらしてアクを抜く。

白か薄紅の花は時と共に黄色く変化します。

甘い香りのする花には蜜があります。

| 山菜名の由来 | 子どもが花の蜜を吸う蔓(つる性の低木)に因んで。また、冬にも葉を落とさないことから、別名忍冬と呼ばれる。 |

花のサラダ

材料
- スイカズラの花………適宜
- ドレッシング…………適宜

作り方

下ごしらえした花を器に盛り、お好みのドレッシングをかける。

初夏のご馳走。

豚肉・もやしとの炒め物

材料（2人分）
- スイカズラの葉……100g
- 豚肉………………………20g
- もやし……………………20g
- サラダ油………大１ 1/2
- 塩、胡椒…………………少々

作り方

❶ フライパンでサラダ油を温め、強火で豚肉を色が変わる程度に炒める。

❷ 下ごしらえしたスイカズラを入れて炒め、もやしを加えてさらに炒める。塩・胡椒で味を調える。

油との相性もいいですが、和え物にしても。

スイカズラ

11 ヤブカンゾウ 〈藪萱草〉 | シャキシャキとした食感

| ユリ科 |　別名 : ワスレグサ・カンゾウナ

生育地	野原、小川のほとりなど。
分　布	北海道、本州、四国、九州。
花　期	7月～8月。
採取時期	若芽は3月～5月に、芽吹いて間もないものを根際から切り取る。蕾と花は7月～8月(蕾も食べられます)。
下ごしらえ	さっと茹でる。

夏にはオレンジ色の八重の花を咲かせます。

青々とした若い葉。

>
> **山菜名の由来**　藪に生えるので、ヤブカンゾウ。この美しい花を見ていると(身につけていると)もの思いを忘れるという故事から、ワスレグサ(萱草)の別名も。ニッコウキスゲの仲間。

酢味噌和え

材料（2人分）
- ヤブカンゾウ……100g
- 白味噌……30g
- みりん……小2
- 酢……大1 1/2

作り方

❶ 下ごしらえしたヤブカンゾウを2cmに切る。
❷ すり鉢で白味噌をすり、みりん、酢を加えてのばす。
❸ ❶を❷で和える。

クセがなく、誰からも好まれる味。

エビあんかけ

材料（2人分）
- ヤブカンゾウ……100g
- だし汁……ひたひた
- 醤油……小2
- 砂糖……小1
- みりん……小1

〈エビあん用〉
- エビ……4〜5尾
- だし汁……150cc
- 薄口醤油……大2/3
- 砂糖……小1
- みりん……小1
- 片栗粉……大1
- 水……大2

作り方

❶ 下ごしらえしたヤブカンゾウを2〜3cmに切り、だし汁に調味料を加えたものでさっと炊いて下味をつける。
❷ だし汁を火にかけて調味し、エビの殻をとって1尾を3〜4つ切りに切ってさっと炊き、水溶き片栗粉を加えてとろみをつける。
❸ ❶を皿に盛り、❷のあんをかける。

料理のレパートリーも広がります。

ヤブカンゾウ

12 アザミ〈薊〉 | 葉は天ぷら、若い根は味噌漬けに |

| キク科 　　別名：トゲクサ

生育地	野原。
分　布	北海道、本州、四国、九州。
花　期	5月～8月。
採取時期	4月。春に芽生えたばかりの葉を摘む。
おすすめ	若い根を採って、味噌漬けにしても。
下ごしらえ	塩熱湯でさっと茹でて、水にさらす。

日本だけでも100種を超えるアザミ。

葉にはトゲがあるので、注意。

| 山菜名の由来 | トゲがあり触ると痛いことから、傷む、痛ましいの意の"アサマ"が"アザム"に転訛し、アザミに。 |

■ 天ぷら

材料
- アザミの葉 ……………… 適宜
- 衣として、薄力粉、溶き卵、冷水
- 揚げ油
- 天つゆ、大根おろし

作り方

生のアザミの葉に薄い衣をつけてカラッと揚げる。天つゆと大根おろしを添えて。

どなたにも勧められるおいしい天ぷら。

■ からしマヨネーズ和え

材料（2人分）
- アザミの葉 ……………… 100g
- マヨネーズ ……………… 30g
- 粒マスタード …………… 小2

作り方

❶ 下ごしらえしたアザミの葉を2〜3cmに切る。
❷ マヨネーズと粒マスタードをよく混ぜ合わせ、❶を和える。

マヨネーズともよく合います。

アザミ

13 ユリワサビ〈百合山葵〉 | さわやかな辛みが魅力 |

| アブラナ科 |　別名： ヤマワサビ・サワワサビ

生育地	山間で日陰の砂地や岩陰。
分　布	北海道、本州、四国、九州。
花　期	3月～4月。
採取時期	4月。花のついたまま茎から摘む。
おすすめ	茹でて密閉しておくと、次第に辛みが出てきます。
下ごしらえ	塩熱湯でさっと茹でて、水にさらす。

4弁の花が清楚。

葉を揉むとワサビの匂いがします。

郵便はがき

料金受取人払郵便
左京支店
承認
1010
差出有効期間
平成25年4月30日まで
（このハガキは切手をはらずにそのままお出しください）

6 0 6 - 8 7 9 0

(受取人)
(京都市左京局区内)

京都市左京区
一乗寺木ノ本町15

ナカニシヤ出版
読者カード係 行

6068790

10

■購入申込書　小社刊行物のご注文にご利用ください

書名	本体価格	部数

ご購入方法（A／Bどちらかに○をつけてください）
A. 裏面ご住所へ直送（代金引換で配達、送料をご負担ください）
B. ご指定の書店で受け取り

ご指定書店名

住所	市区	町村	取次	（この欄は小社で記入）

読 者 カ ー ド

ご購読ありがとうございました。今後の企画の参考と、新刊案内にこのお利用させていただきます。お手数ですが下欄にご記入の上ご返送くださいますようお願いいたします。

本書の書名	
ご氏名（ふりがな）	男・女（　歳）
ご住所 〒□□□-□□□□	TEL（　　）
ご職業	

■お買い上げ書店名
　　　　　市　　　　　町
　　　　　区　　　　　村　　　　　書店

■本書を何でお知りになりましたか
1. 書店で見て　2. 広告（　　　）　3. 書評（　　　）
4. 人から聞いて　5. 図書目録　6.「これから出る本」
7. ダイレクトメール　8. その他（　　　）

■お買い求めの動機
1. テーマへの興味　2. 執筆者への関心　3. 教養・趣味として
4. 仕事・研究の資料として　5. その他（　　　）

■本書に対するご意見・ご感想

■今後どのような本の出版をご希望ですか。また現在あなたはどんな問題に関心を持っておられますか。

ご協力ありがとうございました。いただいた個人情報は厳正に管理いたします。訂正、ご要望等は営業部までご連絡ください。

山菜名の由来	ワサビのような香りと辛みのあることと(根はワサビのように大きくはならない)、冬枯れした茎が百合の鱗片に似ていることから、ユリワサビに。

オーロラソースのサラダ

材料（2人分）
- ユリワサビ …………… 50g
- きゅうり ……………… 1本
- ミニトマト …………… 5個

〈オーロラソース〉
- マヨネーズ …………… 大5
- トマトケチャップ …… 大2〜3
- 生クリーム …………… 小2

作り方

❶ きゅうり、トマトは輪切りにし、食べやすい大きさに切った生のままのユリワサビと混ぜ合わせて、彩りよく盛りつける。

❷ マヨネーズにトマトケチャップと生クリームを加え、よく混ぜてオーロラソースを作る。

❸ ❶の上からオーロラソースをかける。

ほろ苦さと辛みを味わって。

胡麻和え

材料（2人分）
- ユリワサビ …………… 100g
- すり胡麻 ……………… 大4
- 醤油 …………………… 大1
- 砂糖 …………………… 小1

作り方

❶ 下ごしらえしたユリワサビは、3cmに切る。

❷ すり胡麻と醤油、砂糖を混ぜ合わせ、❶を和える。

よいお口直しになります。

ユリワサビ

14 コシアブラ〈漉油〉

—ウコギ科—

別名：アブラッコ・イモノキ・ヤマオガラ・ゴンゼツノキ

—脂肪・蛋白質が多く栄養価が高い—

山菜名の由来

昔はこの木の樹脂を漉して、金漆（ごんぜつ）という塗料用の油を採ったことから漉油＝コシアブラと呼ばれる。

生育地	平地から高山までの山中。葉は大きさの異なる5枚からなる。
分布	北海道から九州までの山地に自生する。
花期	7月～8月。8月ごろに枝先に淡黄緑色の小さな五弁花を集めて花穂を作る。
採取時期	4月～5月。株立ちになっている。若木の若芽を枝の付け根からもぎ取る。
おすすめ	脂肪と蛋白質が豊富でコクがあり、まろやかな風味で香りがよい。
下ごしらえ	沸騰した湯に塩を加え、色よくさっと茹でる。冷水に放って、アクを抜いておく。

水洗いの後、塩熱湯で茹で、水にさらしてアク抜き。

天ぷらと菜飯

材料
- ・コシアブラ……………………………適宜
- ・衣として、薄力粉、溶き卵、冷水
- ・揚げ油　・天つゆ、大根おろし

作り方
〈天ぷら〉生のまま、衣をつけて揚げ、天つゆ、大根おろしを添える。

〈菜　飯〉コシアブラは下ごしらえをし、水気を絞って細かく刻み、塩少々をふりかけて、炊きたての白飯に混ぜる。

天つゆ、もしくは塩でも。

ちらし寿司

材料（4人分）
- ・米……………………2c
- ・水……………………2.2c
- ・酒……………………大2
- ・だし昆布…5cm角1枚
- ・ちりめんじゃこ……20g
- ・コシアブラ…40〜50g
- ・だし汁………1/2c
- ・みりん…大1 1/2
- ・醤油…………大1
- ・卵……………2個
- ・紅しょうが…適宜

〈合わせ酢〉
- ・酢、砂糖……………各大3
- ・塩……………………小1

作り方

❶ 米を炊き、合わせ酢で寿司飯に。

❷ ちりめんじゃこに熱湯をかけ、塩を抜いておく。

❸ 下ごしらえしたコシアブラを細かく刻み、小鍋でだし汁、みりん、醤油で下味をつける。

❹ 卵を焼いて、錦糸卵にする。

❺ 寿司飯に、ちりめんじゃこ、煮汁を軽く絞ったコシアブラを混ぜて盛りつけ、彩りよく錦糸卵、紅しょうがを散らす。

コシアブラの若芽を吸い物に。

コシアブラ

15 ユキザサ〈雪笹〉 | シャキシャキ感のある春の味

| ユリ科 | 別名：ササナ・スズメユリ・アズキナ

生育地	山地の林内。
分　布	北海道、本州、四国、九州。
花　期	5月〜7月。
採取時期	4月〜5月。春に芽吹いた若芽を摘む。
下ごしらえ	塩熱湯で軽く茹で、水にさらす。

山菜名の由来　花の咲いている姿は粉雪が降り積もったように見え、葉は笹に似ていることから、"雪笹"に。

秋には赤く結実します。　触れると溶けそうな繊細な白い小花と共に。

お吸い物の浮かし

材料（2人分）
- ユキザサ……………小2本
- だし汁………………1 1/2c
- 塩……………………小1/3弱
- 薄口醤油、酒………各小1
- 生麩…………………適宜

作り方
1. だし汁に調味料を加え、味を調える。
2. 生麩を入れた椀に吸い物を注ぎ、ユキザサを浮かす。

可憐な姿を活かしてお吸い物の浮かしに。

黄身酢和え

材料（2人分）
- ユキザサ……………70g
- 芝エビ………………5〜6尾

〈黄身酢用〉
- だし汁………………100cc
- みりん・砂糖………各小1
- 卵黄…………………1個分
- 酢……………………大1

作り方
1. 下ごしらえしたユキザサを2〜3cmに切る。
2. 芝エビを茹で、❶と混ぜる。
3. 小鍋に黄身酢の材料を入れ、よく混ぜてから、とろりとするまで湯煎にかける。
4. ユキザサと芝エビを盛りつけ、黄身酢をかける。

盛りつけの最後に、粉雪のように花を添えて。

ユキザサ

16 ウワバミソウ〈蟒蛇草〉

イラクサ科 | 別名：ミズナ・ミズブキ・ミズ・タニフサギ

—シャキシャキ感が新鮮なおいしさに—

葉は鮮やかな緑で、茎は茶褐色。

生育地	土砂混じりの急斜面で、じめじめした所を好む。
分　布	北海道から九州。
花　期	4月〜9月。
採取時期	4月〜5月。
下ごしらえ	たっぷりの塩熱湯でさっと茹で、充分に水にさらす。

山菜名の由来　いかにも大蛇の出そうな沢沿いの湿った場所に自生するので、ウワバミの名が。

茎を食するのは有名ですが、葉もいけます。

菜飯と天ぷら

材料（4人分）
- 米　　　　　　　　　　2c
- 水　　　　　　　　　　2.2c
- 塩　　　　　　　　　　小1
- だしの素　　　　　　　小1/2
- 酒　　　　　　　　　　大2
- ウワバミソウ　　　　　50g
- ちりめんじゃこ　　　　20g
- サラダ油　　　　　　　大1
- 塩、薄口醤油　　　　　少々
- ウワバミソウ　　　　　適宜
- 衣として、薄力粉、溶き卵、冷水
- 揚げ油　・天つゆ

作り方

〈菜飯〉
1. 調味料を加えて米を炊く。
2. 下ごしらえしたウワバミソウは細かく刻み、ちりめんじゃこは熱湯をかけ塩抜き。
3. フライパンで❷を炒め、塩と醤油で下味をつける。炊きあがった白飯と混ぜ合わせる。

〈天ぷら〉
天ぷらは生のウワバミソウに薄く衣をつけ、揚げる。

シャキシャキとした食感がおいしい。

酢味噌和え

材料（2人分）
- ウワバミソウ　100g
- 白味噌　　　　30g
- 酢　　　　大1 1/2
- みりん　小2
- だし汁　大1

作り方

1. 下ごしらえしたウワバミソウを3cmに切る。
2. だし汁と調味料で酢味噌にし、❶を和える。

名前は恐ろしげですが、味にクセはありません。

ウワバミソウ

カレイとの煮付け

材料（2人分）
- カレイの切り身 ………… 2切
- 酒 ……………………… 大4
- 砂糖 …………………… 大2
- 醤油 …………………… 大3
- 水 ……………………… 100cc
- ウワバミソウ ………… 200g

作り方

水に調味料を加え、煮立ってきたらカレイを入れ煮付ける。火からおろす間際に下ごしらえして5cmに切ったウワバミソウを加える。

ウワバミソウの風味が効いて、おいしくいただけます。

油炒めの卵とじ

材料（4人分）
- ウワバミソウ ………… 200g
- サラダ油 ……………… 大2
- 卵 ……………………… 1個
- 塩、胡椒 ……………… 適宜

作り方

下ごしらえし3cmに切ったウワバミソウをサラダ油で炒め、塩・胡椒し、溶き卵でとじる。

油との相性もいいようです。

ウワバミソウ

ミズとろろ

材料（1人分）
- ウワバミソウの根元 …… 30g
- すまし汁 …………………… 適宜
- うずらの卵 ………………… 1個

作り方

❶ 生の根元を包丁の背で叩き、とろみが出たらすまし汁を加えてのばす。

❷ 器に盛り、うずらの卵を中央に落とす。

目先を変えてミズとろろ。かき混ぜていただく。

からしマヨネーズかけ

材料（2人分）
- ウワバミソウ ……………… 100g
- 練りからし ………………… 小2/3
- マヨネーズ ………………… 大2

作り方

マヨネーズに練りからしを混ぜる。下ごしらえしたウワバミソウを3cmの長さに切り、器に盛って、からしマヨネーズをかける。

味噌汁の浮かし

作り方

出来上がった味噌汁に刻んだウワバミソウを生のまま入れる。

からしマヨネーズかけと、生を刻んで味噌汁に。

ウワバミソウ

17 ミツバ 〈三ツ葉〉 | 驚くほど風味抜群

| セリ科 |　別名 ： ヤマミツバ・ノミツバ・ミツバゼリ

生育地	平地から、かなり深い山地まで。
分　布	北海道、本州、四国、九州。
花　期	6月～7月。
採取時期	4月～5月。
おすすめ	スーパーなどでもおなじみのミツバですが、自生しているものの風味のよさは図抜けています。
下ごしらえ	早春のものは、特に必要なし。

自生のミツバは香り高く、歯ごたえもよい。　売られているものと比べてみれば一目瞭然。

| 山菜名の由来 | 3枚の小葉から成るところから、三ツ葉に。 |

卵とじとお吸い物

材料（2人分）
- ミツバ………………………80g
- だし汁………………………200cc
- 薄口醤油……………………小1
- みりん………………………小2
- 卵……………………………2個
- 塩……………………………小1/4

作り方

〈卵とじ〉
だし汁に調味料を加え、煮立ってきたら3～4cmに切ったミツバを加え、溶き卵を回し入れてとじる。

〈お吸い物〉
椀に盛った味噌汁に、ニリンソウを入れる。

卵との相性は大変よいようです。

ミツバとエビの寄せ揚げ

材料（2人分）
- ミツバ………………………7～8本
- 小エビ………………………100g
- 衣として、薄力粉、溶き卵、冷水
- 揚げ油
- 天つゆ、大根おろし

作り方

❶ ミツバは3cm位に切り、小エビは殻を除いておく。
❷ ボールにミツバと小エビを混ぜ合わせ、薄めの衣を加えて軽く混ぜる。
❸ 木杓子に❷の一部をのせ、低温の油の中へ流し入れて揚げる。

鼻を抜けるような清々しい風味。

ミツバ

18 キンミズヒキ 〈金水引〉

［バラ科］

別名 : ヒッツキグサ・ヌストグサ・センキグサ

―口内炎や下痢止めに―

小さな花が穂のように咲いている姿は目を惹きます。

| 山菜名の由来 | 夏から秋にかけて黄金色の花を咲かせ、細く長い花穂を作る。その姿を慶事の贈り物等にかける金色の水引に見立ててキンミズヒキに。 |

生育地	山野。
分布	北海道、本州、四国、九州。
花期	7月～10月。
採取時期	4月～5月。春先の若芽や若葉を摘む。
おすすめ	全草を天日干しにし、煎じて飲むことで、下痢止めに。また、かぶれ、湿疹時の冷湿布に。煮詰めた液でうがいをすると口内炎や喉の荒れにもよいとされます。
下ごしらえ	塩熱湯で茹でて、水にさらす。

葉も茎も、毛で覆われています。

たらこ和え

材料（2人分）
- ・キンミズヒキ……………70g
- ・たらこ……………………1/4腹
- ・マヨネーズ………………大2
- ・みりん……………………大1

作り方
① 下ごしらえしたキンミズヒキを2cmに切る。
② たらこの薄皮を剥いで、マヨネーズ・みりんで溶き伸ばし、①を和える。

おかずにも、酒の肴にもおすすめです。

卵との炒め物

材料（2人分）
- ・キンミズヒキ……………70g
- ・卵…………………………1個
- ・サラダ油…………………大1 1/2
- ・塩、胡椒…………………少々

作り方
① フライパンでサラダ油を温め、卵を炒めて小さくほぐし、皿に取っておく。
② サラダ油を足して、食べやすい大きさに切ったキンミズヒキを炒め、①を戻してさっと炒め合わせ、塩・胡椒で味を調える。

炒めても、お浸しや味噌汁に入れてもイケます。

キンミズヒキ

19 モミジガサ 〈紅葉笠〉 | シドケと呼ばれる人気の高い山菜 |

| キク科 | 別名 ： シドキ・シドケ・キノシタ・トウチキ

| 生育地 | 山間の湿地。
| 分　布 | 北海道から九州。
| 花　期 | 8月～9月。
| 採取時期 | 4月～6月。20～30cmに伸びた葉の開く前の若芽を摘む。
| 下ごしらえ | 塩熱湯で茹で、水にさらす。

| 山菜名の由来 | 葉が紅葉(もみじ)に似ているため。

目一杯、手のひらを広げているような可愛らしい姿。

開ききる前の若い葉を摘む。

胡麻味噌和え

材料（2人分）
- モミジガサ ……………… 100g
- 胡麻 ……………………… 大4
- 白味噌 …………………… 大1
- みりん、砂糖 …………… 各小1

作り方

❶ 胡麻を炒ってすり鉢でよくすり、調味料を加え、よくすり混ぜる。

❷ 下ごしらえしたモミジガサを細かく刻み、❶で和える。

タラノメと並ぶほどの人気もの。

天ぷら

材料
- 生のモミジガサ ………… 適宜
- 衣として、薄力粉、溶き卵、冷水
- 揚げ油
- 天つゆ、大根おろし

作り方

生のモミジガサに薄く衣をつけ、低温の油で揚げる。

歯ごたえのある、早春の味。

モミジガサ

エビあんかけ

材料（2人分）

- モミジガサ………100g
- だし汁………ひたひた
- 醤油………小2
- 砂糖………小1

〈エビあん〉
- エビ………4〜5尾
- だし汁………150cc
- 薄口醤油………大2/3
- 砂糖………小1
- みりん………小1

- 片栗粉………大1
- 水………大2

作り方

1. 下ごしらえしたモミジガサを2cmに切り、調味しただし汁で炊いて下味をつける。
2. あん用のだし汁を火にかけて調味し、殻を除いて1尾を3〜4つに切ったエビをさっと炊き、水溶き片栗粉を加えとろみをつける。
3. ❶に❷をかける。

エビとの相性もいい。

酢味噌和え

材料（2人分）

- モミジガサ………100g
- 白味噌………30g
- 砂糖………小2
- 酢………大2 1/2

作り方

1. 白味噌、砂糖、酢をなめらかになるまで混ぜ合わせる。
2. 下ごしらえしたモミジガサを2〜3cmに切り、❶と和える。

さっぱりと酢味噌もオツ。

モミジガサ

磯辺巻き

材料（2人分）
- モミジガサ ……………… 100g
- 醤油 …………………… 少々
- 焼き海苔 ………………… 2枚

作り方

❶ 下ごしらえしてアクを除く。
❷ モミジガサを固く絞り、醤油をかけて味をなじます。
❸ 海苔の上に❷を置き、手前より巻いて切る。

ちょっと変わったおつまみにも。

バター炒め

材料（2人分）
- モミジガサ ……………… 100g
- バター …………………… 大1
- 塩、胡椒 ………………… 少々

作り方

❶ 下ごしらえしてアクを除く。
❷ バターで炒めて塩・胡椒する。

白身魚のソテーなどに添えて。

モミジガサ

20 オオバギボウシ〈大葉擬宝珠〉

[ユリ科]
別名 :: 玉花・うるい・カエロッパ

うるいとして親しまれる人気者

山菜名の由来 蕾の集まっている様子が、橋の欄干の擬宝珠に似ていることから。

薄紫の可憐な花を咲かせます。

生育地	平地から高山の湿地。
分布	北海道、本州中部以北。
花期	7月～8月。
採取時期	4月～6月。葉が巻いた状態の若芽を茎から摘む。
下ごしらえ	塩熱湯で茹で、水にさらして固く絞る。

"うるい"の名で有名。

菜飯

材料（4人分）

- 米 ………………………… 2c
- 水 ………………………… 2.1c
- 酒 ………………………… 大2
- 塩 ………………………… 小2/3
- だしの素 ………………… 小1 1/2

- オオバギボウシ ………… 70g
- ちりめんじゃこ ………… 20g
- サラダ油 ………………… 大2/3
- 塩(オオバギボウシの下味) …… 少々

作り方

❶ 米を洗い水に浸け、酒、塩、だしの素を加えて炊く。
❷ 下ごしらえしたオオバギボウシを細かく刻む。
❸ ちりめんじゃこは熱湯をかけ塩抜き。
❹ フライパンで❷を炒め、ちりめんじゃこを加えて塩をする。
❺ 下味を付けたご飯に❹を混ぜ合わせる。

独特の歯触りを楽しめます。味噌汁の具にしてもよい。

マヨネーズかけ

材料

- オオバギボウシ ………… 適宜
- マヨネーズ ……………… 適宜

作り方

下ごしらえしたオオバギボウシを切りマヨネーズをかける。

ぬめりが特徴です。

オオバギボウシ

油揚げとの炒め煮

材料（4人分）
- オオバギボウシ‥‥‥‥200g
- 油揚げ‥‥‥‥‥‥‥1/2枚
- 胡麻油‥‥‥‥‥‥‥大1
- だし汁‥‥‥‥‥‥‥1c
- みりん、砂糖‥‥‥‥各大1
- 醤油‥‥‥‥‥‥‥‥大2

作り方
1. 下ごしらえしたオオバギボウシを4cmに切り、油で炒める。
2. 千切りにした油揚げを加え、ひと混ぜする。
3. だし汁と調味料を加えて炊く。

油との相性も抜群です。

ポテトサラダ

材料
- オオバギボウシ‥‥‥‥適宜
- ポテトサラダ‥‥‥‥‥適宜

作り方

下ごしらえしたオオバギボウシを刻み、ポテトサラダに混ぜると、シャキシャキ感のあるサラダになる。

いつものポテトサラダが新鮮に！

オオバギボウシ

中華風サラダ

材料(2人分)

- ・オオバギボウシ……100g
- ・きゅうり……………1本
- ・赤ピーマン…………1/2個
- ・錦糸卵………………卵1個分

〈かけ汁〉
- ・濃口醤油………大2 1/2
- ・酢………………大2 1/2
- ・砂糖……………大2 1/2
- ・胡麻油…………大1/2
- ・練りからし……小1/2

作り方

下ごしらえしたオオバギボウシは3cmに、野菜と錦糸卵は千切りにし、彩りよく盛りつけてかけ汁をかける。

冷やし中華にしても。

ドレッシングサラダ

材料(2人分)

- ・きゅうり………………1本
- ・ミニトマト……………4個
- ・オオバギボウシ………70g

作り方

❶ オオバギボウシは下ごしらえし2cmに切り、きゅうり・ミニトマトは輪切りにし、盛りつける。

❷ 好みのドレッシングをかけていただく。

お好きな野菜とドレッシングで春のサラダに。

オオバギボウシ

21 ハナイカダ〈花筏〉 | 世にも珍しい、筏に乗った花

| ミズキ科 | 別名 : ツキデノキナ・ツギネ・ママッコ・ママコナ・ツクデンハ

生育地	丘陵や山地の林内。
分布	北海道南西部、本州、四国、九州、沖縄。
花期	5月～6月。
採取時期	4月～6月。開き始めの若芽を摘む。
下ごしらえ	塩熱湯でさっと茹でて、水にさらす。

山菜名の由来 葉の中に花の咲く姿から葉を筏に見立てて、ハナイカダ。

葉っぱの真ん中から花が咲く。

この花は、やがて黒い実となります。

天ぷらと菜飯

材料 〈天ぷら〉
- 生のままのハナイカダ……………適宜
- 衣として、薄力粉、溶き卵、冷水
- 揚げ油
- 天つゆ

〈菜飯〉
- ハナイカダ……………………………適宜
- 炊きたての白飯………………………適宜

作り方 〈天ぷら〉ハナイカダに薄く衣をつけ、揚げる。天つゆを添える。

〈菜　飯〉下ごしらえしたハナイカダを細かく刻んで塩少々をふりかけ、白飯と混ぜ合わせる。

鮮やかな色の菜飯に。

胡麻和え

材料
- ハナイカダ…………適宜
- 胡麻、醤油、砂糖……適宜

作り方

❶ 下ごしらえしたハナイカダを2〜3cmに切る。
❷ 炒った胡麻をすり、醤油、砂糖を加える。
❸ ❶を❷で和える。

アクが少なく、何にしてもおいしくいただけます。

ハナイカダ

22 ミヤマカタバミ〈深山傍食〉 | シュウ酸含有のため、多食は禁物 |

| カタバミ科 | 別名： カガミグサ・ゼニミガキ・ミガキグサ・チドメグサ

生育地	畑や道端。
分　布	北海道、本州、四国、九州。
花　期	5月～9月。
採取時期	4月～9月。長い茎ごと摘む。花だけを集めても。
おすすめ	花はそのままサラダに散らして。また、下ごしらえした花を酢味噌で和えても。ただし、シュウ酸を多く含むので、多食は避けましょう（下痢をします）。
下ごしらえ	塩熱湯で茹でて、水にさらす。

清楚な花は、陽が当たらないと開きません。

生の葉を噛むと酸味があります。

> **山菜名の由来**
> 葉の一方が(かまれたように)欠けて見えるため、カタバミに。また、生の葉で真鍮や銅貨を磨くときれいになるので、ゼニミガキとも。

からし酢味噌かけ

材料（2人分）
- ミヤマカタバミ……100g
- 白味噌……30g
- みりん……小1
- 酢……大1 1/2
- からし……小1/2

作り方
1. 下ごしらえしたミヤマカタバミを3cmに切る。
2. 調味料を合わせて酢味噌にし、❶にかける。

酸味を活かしてちらし寿司、酢味噌かけに！

三杯酢和え

材料（2人分）
- ミヤマカタバミ……100g
- 酢……大2
- 塩……小1/4
- 醤油……適宜
- 砂糖……大2/3
- だし汁……大1

作り方
1. 下ごしらえしたミヤマカタバミを2～3cmに切る。
2. 調味料を合わせて三杯酢を作り、❶を和える。

少量をいただくのがよいようです。

ミヤマカタバミ

23 ドクダミ〈毒溜〉 | 切り傷や動脈硬化にも有効

| ドクダミ科 | 別名：ジュウヤク・ドクダメ・ドクマトリ・ジゴクソバ

生育地	平地から山地までの道端や庭など。
分布	本州、四国、九州。
花期	6月～7月。
採取時期	5月。若芽や葉を摘み取る。
おすすめ	生葉を揉んで切り傷にあてたり、干したものを煎じて飲むと利尿作用や血圧の低下、動脈硬化によいなどとされ、昔から民間薬として親しまれてきた。強い臭みがあるので、下ごしらえは念入りに。また、味噌を使うと臭みが緩和。
下ごしらえ	強い臭みがあるので、塩熱湯で茹でてから、充分に水にさらす。

恐ろしげな名前とは違い、花は白く可愛い。

昔から民間薬として有名です。

| 山菜名の由来 | 薬草として利用される一方で、昔の人は不快な臭いを"毒を溜めた草"だからだと思ったことから、ドクダメ、ドクダミに。 |

酢味噌和え

材料（2人分）
- ドクダミ……………70g
- 白味噌………………大2
- 酢……………………大1
- 砂糖…………………小1

作り方

① 下ごしらえしたドクダミを3cmに切る。
② 調味料をなめらかになるまで混ぜ合わせ、①を和える。

独特の臭みが消えるので、味噌はおすすめ。

胡麻味噌和え

材料（2人分）
- ドクダミ……………70g
- 白味噌………………大2
- 胡麻…………………大2
- 薄口醤油……………小1

作り方

① 下ごしらえしたドクダミを3cmに切る。
② 炒った胡麻をよくすり、調味料を混ぜ合わせて胡麻味噌を作り、①を和える。

胡麻の風味をプラス。柔らかくておいしい。

ドクダミ

24 タラノキ 〈楤木〉 | 山菜料理の王様

| ウコギ科 | 別名 : タラノメ・タラッポ・トゲウド・オニグイ

生育地	山野に生える。野原や藪にも多い。
分　布	北海道、本州、四国、九州。
花　期	夏になると枝の先に白い小花をたくさんつける。
採取時期	5月〜6月。新芽が5〜10cmに伸びたところを摘み取る。
下ごしらえ	塩熱湯でさっと茹で、冷水に放してアクを抜く。

山菜名の由来　幹にはトゲがあるので、別名トゲウドとも呼ばれる。地域によっては、鬼を払う正月行事に、このトゲのある幹を用いることも。

春の到来を告げる芽吹き。

人気が高く、多くの人が摘んでいきます。

天ぷら

材料
- タラノメ……………………適宜
- 衣として、薄力粉、溶き卵、冷水
- 揚げ油
- 天つゆ、大根おろし

作り方
① 生のままのタラノメに薄い衣をつけ、カラッと揚げる。
② 天つゆと大根おろしを添える。

「タラノメの天ぷらが最高」という人も多い、春一番の味。

酢味噌和え

材料（2人分）
- タラノメ……………………100g
- 白味噌………………………大3
- みりん………………………大1
- 酢……………………………大2
- 砂糖…………………………大1/2

作り方
① 下ごしらえしたタラノメを2～3cmに切る。
② 白味噌、みりん、酢をなめらかになるまで混ぜ合わせ、酢味噌を作る。
③ ①を②で和えて盛りつける。

ひと味違う酢味噌和え。

タラノキ

25 サルトリイバラ〈猿捕茨〉 | お茶やタバコの代用品 |

| ユリ科 |　別名：カカラ・カンタチイバラ・カラタチイバラ

生育地	山野。
分　布	北海道、本州、四国、九州。
花　期	6月～7月。
採取時期	若葉は5月～6月。果実は10月～11月。
おすすめ	秋に赤く熟す実は、そのまま食べても、また、果実酒にしても。生け花の材料にもなります。
下ごしらえ	塩熱湯で軽く茹でて、水にさらす。

鋭いトゲが生えているので、注意。

つるつるとした葉は、柏の葉の代用にも。

> **山菜名の由来**　高さ2～3mになる落葉性のつる植物で、トゲのある茎を伸ばして周囲の樹々の枝から枝へとからみつき、「これでは猿も思うように動けない」ことから猿を捕る茨、サルトリイバラに。

胡麻味噌和え

材料（2人分）
- サルトリイバラの若葉……100g
- 白胡麻……大4
- 砂糖、みりん……各小2
- 白味噌……大2

作り方

① 下ごしらえしたサルトリイバラの若葉を細かく刻む。
② 白胡麻をすり、調味料を加えてさらにすり、①を和える。

新芽にはアクがなく、食べやすい。

ちまき

材料（12個分）
- 上新粉……200g
- 熱湯……160～180cc
- 片栗粉……20g
- 水……大2
- こしあん……200g
- サルトリイバラの葉……24枚

作り方

① 上新粉に熱湯を加え、耳たぶくらいの硬さにこねる。
② こねた①を1cmの厚さに伸ばし、10分蒸す。
③ 蒸した②をすり鉢にとり、すりこぎで突くようにこねながら、水溶き片栗粉を練りこむ。
④ ③を12等分し、丸く押し広げてあんを包み、サルトリイバラの葉でくるんで7～10分、蒸す。

丸みを帯びた葉の様子が可愛らしい。

サルトリイバラ

26 マタタビ〈木天蓼〉 | 柔らかくておいしい

| マタタビ科 |　別名：ナツメ・コツラ・ネコナブリ・ネコヅル・冬亀甲

生育地	谷沿いの林。
分　布	北海道、本州、四国、九州。
花　期	6月〜7月。
採取時期	若葉は5月〜6月。果実は10月。
おすすめ	熟して緑黄色になった実をホワイトリカーなどで漬けると、マタタビ酒に。身体を温め血行をよくするので、冷え性や神経痛、腰痛などによいとされています。
下ごしらえ	塩熱湯で茹で、水にさらす。

実を乾燥させて与えると猫を恍惚とさせることでも有名。

若い葉は薄く、開花期には一部白くなります。

| 山菜名の由来 | おそらく実を表していたと思われる、アイヌ語のマタ＝冬、タムブ＝亀の甲、からマタタビになったという説と、旅人がマタタビの実を食べて元気を出し、"また旅"に出ようとしたから、という説も。 |

酢味噌和え

材料（2人分）
- マタタビ……………………80g
- 赤味噌………………………大1
- みりん、砂糖…………各小1
- 酢……………………………大1

作り方

❶ 下ごしらえしたマタタビを細かく刻む。

❷ 赤味噌をみりん、酢、砂糖で溶いて酢味噌にし、❶を和える。

初夏のさっぱりとした味覚。

中華風旨煮

材料（2人分）
- マタタビ……………………70g
- 人参…………………………20g
- 木綿豆腐…………………1/4丁
- サラダ油………………大1 1/2
- 塩…………………………小1/4
- 酒……………………………小2
- しょうが汁…………………小1
- 水溶き片栗粉……………適宜

作り方

❶ 下ごしらえしたマタタビは2cmに切る。

❷ 豆腐は水気を切り、人参は短冊切りにして茹でる。

❸ サラダ油で豆腐、人参、マタタビを炒め、塩と酒としょうが汁で調味し、味が調ったら、水溶き片栗粉でまとめる。

ご飯がすすみます。

マタタビ

27 イワタバコ 〈岩煙草〉 | ほろ苦さが持ち味で旨味

| イワタバコ科 |　　別名 : ヤマタバコ・タキチシャ・イワナマツガネソウ

生育地	日当たりの悪い、湿った場所を好む。滝の近くの岩肌や岩壁に多く見られる。
分　布	本州、四国、九州。
花　期	7月〜8月。
採取時期	5月〜7月。葉の根元から摘む。
おすすめ	ほろ苦さを活かして酢味噌で!! アクがないので、調理しやすいのも特徴。
下ごしらえ	塩熱湯で茹でて、水にさらす。

群生する星形の花に、ハッと胸を衝かれます。

大きくて瑞々しい葉。

> **山菜名の由来**　沢沿いの岩場に咲くことが多いことと、大きくて広いナス科のタバコの葉に似ていることから、イワタバコに。

▎酢味噌かけ

材料（2人分）
- イワタバコ……………70g
- 白味噌…………………大3
- 酢………………………大2
- 砂糖……………………小1

作り方

❶ 下ごしらえしたイワタバコを3cmに切る。
❷ 調味料を合わせて酢味噌にし、皿に盛った❶の上からかける。

ほろ苦さと酢味噌がよく合います。

▎イカとの煮物

材料（2人分）
- イカ……………………1杯
- イワタバコ……………100g
- サラダ油………………大1 1/2
- だし汁…………………100cc
- 醤油……………………大2〜3
- 砂糖、みりん…………各大1〜2

作り方

❶ 下ごしらえしたイワタバコは4〜5cmに切り、下処理したイカは輪切りにしておく。
❷ サラダ油で❶を炒め、だし汁、調味料を加えて甘辛く炊きあげる。

イカと旨味を引き立て合う相性の良さ。

イワタバコ

28 ミョウガ〈茗荷〉 | 夏バテ防止の立役者

| ショウガ科 |

生育地	山野の湿った場所。
分　布	本州、四国、九州。
花　期	7月～8月。
採取時期	8月～9月。花の咲く前の花芽を採る。
おすすめ	外皮を除き、さっと茹でて甘酢に漬けたり、酢の物に。茹でずに水にさらして、暑気払いの薬味に。丸ごと天ぷらにしても。また、ミョウガのぬか漬けはひと味違う。
下ごしらえ	ひと皮剝いてきれいに洗う。

この花の咲く前の花芽が、いわゆる"茗荷"。

ミョウガの出るところには蚊も多いので注意。

> **山菜名の由来** 食用にする部分が芽のようで、香りが高いことから芽香が、転じてミョウガに。

甘酢漬け

材料（2人分）
- ・ミョウガ……………………………100g
- ・塩……ミョウガの10%（小2弱）

〈甘酢〉
- ・酢………100cc
- ・砂糖………50g

作り方

❶ ミョウガは下ごしらえをし、塩をしてしばらく置く。
❷ 甘酢を煮立てて冷まし、布巾で水気を取ったミョウガを加えて漬ける。

清々しい、夏バテ・暑気払いの味。

きゅうりとの酢の物

材料（2人分）
- ・ミョウガ…2〜3個
- ・きゅうり………1本
- ・塩………………小2
- ・しらす干し……10g
- ・青じそ………2〜3枚

〈合わせ酢〉
- ・酢…………大1 1/2
- ・砂糖………大1
- ・塩…………小1/4
- ・薄口醤油……小1

作り方

❶ ミョウガと青じそは小口切りにして水に浸ける。きゅうりは小口切りにし、塩をして布巾で絞っておく。
❷ しらす干しと千切りにした青じそを水気をとって、❶と混ぜ、合わせ酢で和える。

食前にいただくと、食欲がわきます。

ミョウガ

29 ヤマユリ〈山百合〉 [甘く上品な香りも魅力]

[ユリ科] 別名‥エンザンユリ・ホウライジユリ・ヨシノユリ

山菜名の由来 花が咲くと、風がなくても揺れ動く様子から、この名前がついた。

山で出会うと上品で優しく、ほっとします。

生育地	丘や山野。
分布	本州中部以北。
花期	6月～8月。
採取時期	9月～3月。鱗茎(りんけい)を掘り採る。
おすすめ	食用のゆり根とまったく一緒で、アクもなくおいしい。
下ごしらえ	鱗片を一枚一枚剝がし、塩茹でにし水にさらす。

掘り上げたてのゆり根。

アーモンド揚げ

材料（1人分）
- ゆり根 .... 7〜8枚
- 小麦粉、溶き卵 .... 少々
- スライスアーモンド ...... 適宜
- 揚げ油

作り方

剝がしたゆり根7〜8枚を洗い、小麦粉、溶き卵、スライスアーモンドの順につけて軽く押さえ、低温の油で揚げる。

香ばしいおつまみに。

ポテトサラダ

材料
- ポテトサラダ .... 適宜
- ゆり根 .... 適宜

作り方

酒少々を加えた熱湯でゆり根をさっと湯がき、ポテトサラダに混ぜ込む。

ホクホクしてポテトサラダによく合います。

ヤマユリ

茶碗蒸し

材料（4人分）
- 卵 ……… 2個
- だし汁 … 360cc
- みりん … 小2
- 塩、薄口醤油 … 各小1/2
- 鶏肉 ……… 100g
- 銀杏（ぎんなん）……… 8個
- ゆり根 ……… 1/4株
- ほうれん草 ……… 2株
- かまぼこ ……… 8切れ
- 干し椎茸 ……… 4枚

作り方

❶ 鶏肉は一口大に切り、酒、薄口醤油少々をふりかけておく。
❷ 銀杏は殻を剝き、ひたひたの湯の中でお玉をこすりつけ薄皮を剝く。
❸ ゆり根は酒少々を入れた湯でさっと茹でる。
❹ 茹でたほうれん草を切る。
❺ 干し椎茸は甘煮にし、半分に切る。
❻ 器に味の濃い順に入れ、調味料を加えた卵汁を注ぎ、弱火で14〜15分蒸す。

ゆり根といえば、茶碗蒸し。

卵とじ

材料（2人分）
- ゆり根 ……… 1/2株
- だし汁 … 150cc
- 卵 ……… 1 1/2個
- 塩 ……… 少々
- 砂糖 … 大1 1/2
- 酒、みりん … 各大1

作り方

一片ずつ剥がした半株分のゆり根を調味しただし汁の中で3〜4分炊き、卵1個半を溶いてとじる。

日本酒にもおすすめ。

ヤマユリ

甘煮

材料
- ゆり根 ………………… 1株
- だし汁 ………… ひたひた
- 砂糖 …………………… 大5
- みりん ………………… 大1
- 塩 ……………………… 少々

作り方

① ゆり根は株のままきれいに洗いあげ、ひげを取り除き、下ごしらえする。

② ゆり根をだし汁の中で弱火で炊き、砂糖を加えて煮つめ、火からおろす間際に、塩少々を加える。

優しい味の含め煮です。

酒蒸し

材料
- ゆり根 ………………… 1/2株
- 塩 ……………………… 少々
- 酒 ……………………… 大2

作り方

ゆり根半株を一片ずつ剥がし、塩少々をふりかけてしばらく置き、酒をふりかけてラップをし、レンジで1分30秒。

土瓶蒸しを添えて、秋のご馳走に。

ヤマユリ

30 ツユクサ〈露草〉 | 柔らかくておいしい

| ツユクサ科 |　　別名 ： 帽子花・青花・アイ花

生育地	山野。
分布	本州、四国ほか。
花期	6月～9月。
採取時期	9月～3月。花のつく前の柔らかい茎先、新芽を採る。
下ごしらえ	塩熱湯で茹で、水にさらす。

山菜名の由来　奈良・平安時代には花汁をつけて染めたので、"ツキクサ"と呼ばれ、後に"ツユクサ"に転じた。別名の"帽子花"は、苞が帽子のように見えるところから。

深く青い花の色は、夏の朝に涼を運ぶよう。　　万葉集にも詠まれているほど、長いおつきあい。

エビとの油炒め

材料（2人分）
- ツユクサの葉 ……………… 100g
- エビ ……………………… 7〜8尾
- サラダ油 ………………… 大1 1/2
- 塩、胡椒 …………………… 少々
- 薄口醤油 …………………… 小1

作り方

❶ 下ごしらえしたツユクサの葉を3〜4cm長さに切る。

❷ エビは殻を取り、背わたを取り除いておく。

❸ フライパンにサラダ油を温め、エビを色が変わる程度にさっと炒めて取り出す。

❹ サラダ油を加えツユクサを炒め、エビを戻して、調味料で味を調える。

エビを豚の薄切りに代えても。

卵とじスープ

材料（2人分）
- ツユクサの葉 ……………… 20g
- 水 ………………………… 300cc
- 固形スープの素 …………… 1個
- 卵 …………………………… 2個
- 胡麻油 ……………………… 小1
- 塩、胡椒 …………………… 少々

作り方

❶ 固形スープを煮立て、溶きほぐした卵を細く流し込んでふわりとさせ、胡麻油を加える。

❷ 下ごしらえして刻んだツユクサを浮かす。

冷える朝なら水溶き片栗粉でとろみをつけて。

ツユクサ

31 ミツバアケビ 〈三葉木通〉

[アケビ科] 別名：キノメ

―苦みが旨味のおとなの味―

生育地	山野。
分布	本州、四国、九州。
花期	4月～5月。
採取時期	9月～10月。実をもぎとる。
おすすめ	果実は生食、または肉詰めにして油で焼いたり、天ぷらにも。
下ごしらえ	調理する場合は、種をスプーンでくり抜く。

山菜名の由来 小葉が3枚あることから、ミツバ。実は熟すと割れて中身が見えるので"開け実（あけみ）"と呼ばれ、アケビに。

アケビと似た赤紫の実は、野鳥のご馳走。

山では生のまま食べると、いいおやつに。

和風ハンバーグ銀あんかけ

材料（2人分）
- ミツバアケビ……大2個
- 鶏ひき肉……100g
- 溶き卵……1/3個分
- 青ネギ……1/2本
- しょうが汁……小1
- 塩……少々
- サラダ油……大2

〈銀あん〉
- だし汁……100cc
- 塩……小1/5
- 薄口醤油……小1
- みりん……小2
- 片栗粉……小1/2〜1
- 水……小1〜2

作り方

❶ 下ごしらえし、皮を洗って水気を拭き取る。

❷ 鶏ひき肉に、溶き卵、みじん切りにしたネギ、しょうが汁、塩を加えてよく混ぜ、アケビに詰める。

❸ サラダ油を熱したフライパンに、❷の詰め口を下にして入れ、フタをして弱火で約8分、蒸し焼きにする。焼き目がついたら、転がすようにして全体を焼く。

❹ 銀あん用のだし汁を温め、調味料を入れて味を調え、水溶き片栗粉でとろみをつける。

❺ きれいに焼けた❸を輪切りにし、上から❹の銀あんをかける。

銀あんによく合うハンバーグ。

天ぷら

材料（2人分）
- ミツバアケビ……2個
- 衣として、薄力粉、溶き卵、冷水
- 揚げ油
- 天つゆ

作り方

❶ 下ごしらえしたミツバアケビを5cm幅に切る。

❷ 衣をつけてカリッと揚げ、天つゆを添える。

胡麻油で香ばしく揚げてもよい。

ミツバアケビ

32 ヤマノイモ〈山の芋〉

―ヤマノイモ科― 別名∴ジネンジョ・ヤマイモ

―栄養価の高い秋の味―

山菜名の由来
里で採れるサツマイモ、サトイモに対し、山に自生する芋という意味で、ヤマノイモに。

ほとんど開かない花は、この愛らしさ。

生育地	山中の雑木林。
分布	本州、四国、九州。
花期	7月～8月。
採取時期	11月～12月。葉の根元についた球芽のムカゴを採る。
おすすめ	根の芋は、きれいに洗ってすりおろし、とろろに、山かけに。ムカゴは茹でてムカゴご飯に。炒っても美味。
下ごしらえ	よく洗うか、塩熱湯で下茹でする。

ムカゴは実ではなく、球芽。実は別にあり。

ムカゴ飯

材料（4人分）
- ムカゴ ……………… 80g
- 米 …………………… 2c
- 水 …………………… 2.2c
- だしの素 …………… 小2
- 塩 …………………… 小2/3
- 薄口醤油 …………… 小2
- 酒、みりん ………… 各大2

作り方

❶ 米はといで水に浸け、炊く直前に水70cc（醤油、酒、みりん分）を放す。

❷ 熱湯にひとつまみの塩を加え、ムカゴをさっと下茹でする。

❸ 調味料とムカゴを❶に加えて、炊き上げる。

秋の季語、零余子（ムカゴ）飯は、まさに秋の味。

炒りムカゴ

材料
- ムカゴ ……………… 適宜
- サラダ油 …………… 少々

作り方

❶ ムカゴは濃い目の塩に浸けておく。

❷ フライパンに薄くサラダ油をひいて温め、ムカゴを弱火で炒る。

おやつにも、おつまみにも。

ヤマノイモ

33 ウバユリ〈姥百合〉 | 山で見かけるとギョッとする花？ |

| ユリ科 |　別名：カバユリ・ネズミユリ・ボウズユリ・ヤブユリ

生育地	山野の林内。
分布	中部地方以南の本州、四国、九州。
花期	7月〜8月。
採取時期	11月〜1月。茎の枯れた根を掘り起こす。
下ごしらえ	鱗片を1枚1枚剥がし、塩茹でにして水にさらす。

真横に咲く花は、うっそりとしています。　　鱗茎は市販のゆり根に比べ味が濃く、旨味がある。

| 山菜名の由来 | 花が咲くころには、茎のいちばん下につく葉が枯れている様子を歯(葉)の少ない姥(うば)に見立てて、ウバユリに。 |

梅肉和え

材料（2人分）
- ウバユリの根……10〜15片
- 梅肉……小2
- みりん……小1

作り方

梅肉をみりんで溶きのばし、下ごしらえしたゆり根を和える。

さっぱりしているのでお弁当にも。

甘煮

材料
- ウバユリの根……1株
- だし汁……ひたひた
- 砂糖……大3〜4
- みりん……大2〜3
- 塩……少々

作り方

❶ ゆり根を株のままきれいに洗い、ひげを取り除き下ごしらえする。

❷ 砂糖を加えたひたひたのだし汁の中で❶をじっくり炊き、火からおろす間際に塩少々を加える。

ほくほくとしてちょっと贅沢な味わいです。

ウバユリ

食べられない有毒性のある山野草

ウラシマソウ〈浦島草〉 |サトイモ科|

球茎にはサポニンを含むので、肌につけばかゆみ、ただれを起こし、嘔吐や腹痛で苦しむ。

カラスビシャク〈烏柄杓〉 |サトイモ科|

球茎にシュウ酸カルシウムを含み、皮膚炎を起こす。

オトギリソウ〈弟切草〉 |オトギリソウ科|

茎葉に毛があり、露出した肌に触れるとかぶれ、皮膚炎を起こす。

キケマン〈黄華鬘〉 |ケシ科|

全草に激しいアルカロイドを含み、吐き気、呼吸困難を起こし、心臓麻痺が起こる。

クサノオ 〈瘡の王〉 | ケシ科 |

ケリドニン、ブロトピンなどの作用の激しいアルカロイドを含み、胃腸のただれ、呼吸麻痺が起こる。

シュウカイドウ 〈秋海棠〉 | シュウカイドウ科 |

全草にシュウ酸ベコニンを含み、胃や腸の粘膜がただれ、下痢、痙攣が起きる。

シャクナゲ 〈石楠花〉 | ツツジ科 |

花葉には、ロドトキシン(痙攣毒)を含み、吐き気、下痢、呼吸困難を起こす。

ジロボウエンゴサク 〈次郎坊延胡索〉 | ケシ科 |

全草にブロトピンなどの激しい成分を含むので、嘔吐、腹痛、下痢を起こす。

食べられない有毒性のある山野草

ツクバネソウ〈衝羽根草〉 |ユリ科|

バリデインを含み、呼吸麻痺、瞳の縮小などが起こる。

テイカカズラ〈定家葛〉 |キキョウ科|

茎葉と汁液にトラチェロシドを含み、呼吸、心臓麻痺が起こる。

ツリフネソウ〈釣舟草〉 |ツリフネソウ科|

バリカレ酸を含み、嘔吐を起こす。

トリカブト〈鳥兜〉 |キンポウゲ科|

全草、特に塊根にアコニチンを含み、下痢、呼吸困難、手足のしびれ、呼吸麻痺など激しい中毒で死に至ることもある。

ニシキギ 〈錦木〉 |ニシキギ科|

種子の脂肪油に作用の激しい成分を含み、嘔吐、腹痛、下痢、運動麻痺が起こる。

フクジュソウ 〈福寿草〉 |キンポウゲ科|

全草、特に根茎や根にシマリンなどを含み、嘔吐、脈の乱れ、呼吸困難、心臓麻痺を起こす。

ヒガンバナ 〈彼岸花〉 |ヒガンバナ科|

全草、特に鱗茎にリコリンを含み、嘔吐、下痢、よだれを流し神経麻痺を起こす。

マルバルコウソウ 〈丸葉縷紅草〉 |ヒルガオ科|

種子に樹脂配糖体を含むので、腹痛とともに激しい下痢が起きる。

食べられない有毒性のある山野草

ミヤマシキミ〈深山樒〉 |ミカン科|

株全体にシキミン、葉、果実にアルカロイドを含み、嘔吐、手足の痙攣、麻痺が起きる。

ヤマブキソウ〈山吹草〉 |ケシ科|

全草に作用の激しいアルカロイドを含み、嘔吐、手足や呼吸の麻痺などがある。

ムラサキケマン〈紫華鬘〉 |ケシ科|

全草に作用の激しいアルカロイドを含んでいるので、眠気、吐き気が起こり、脈がゆるやかになって、呼吸困難や心臓麻痺の危険性がある。

ヨウシュヤマゴボウ〈洋種山牛蒡〉 |ヤマゴボウ科|

全草に特に硝石を含み、嘔吐、下痢、麻痺等が起こる。

山野草・料理別索引 〈付　一口アドバイス〉

| ご飯物

- 菜飯 ……………………………… 33、37、49、53
- ちらし寿司 ………………………… 11、17、33
- リョウブ飯 ………………………………………… 11
- ムカゴ飯 ………………………………………… 77

| 揚げ物

- 天ぷら …………………… 9、11、13、16、21、23、29、
   　　　　　　　　　　　　　　33、37、45、53、59、75
- 鶏肉のはさみ揚げ ……………………………… 9
- ミツバとエビの寄せ揚げ …………………… 41
- アーモンド揚げ ………………………………… 69

| 煮物

- 卵とじ ……………………………………… 41、70
- 甘煮 ………………………………………… 71、79
- 炒め煮 …………………………………………… 17
- カレイとの煮付け ……………………………… 38
- 油炒めの卵とじ ………………………………… 38
- 油揚げとの炒め煮 ……………………………… 50
- 中華風旨煮 ……………………………………… 63
- イカとの煮物 …………………………………… 65

一口アドバイス

〈 菜飯の食べ方 〉

❶ アク抜きをした食材（山野草）をかたく絞り、細かく刻んで、塩を少々ふりかけ、炊きたての白飯によく混ぜていただく。

❷ ご飯は好みの薄味をつけて、炊いておく。山菜はサラダ油で炒め、ちりめんじゃこを加え、さらにかるく炒める。炊き上がっていたご飯に混ぜていただくとおいしい。

オオバギボウシ　　　　　ミツバ

一口アドバイス

〈 天ぷらの揚げ方 〉

❶ 材料の持ち味や、香り、歯切れのよさなど、材料そのものの特徴を生かすため、アク抜きをしないで、生のままの方がよい。片面だけに衣をつけ、低温の油（150～160℃）でからっと揚げること。

❷ 必ず冷水と溶き卵で小麦粉をかるく混ぜ、薄めの衣を作ること。

┃あんかけ

- エビあんかけ ……………………………… 27、46
- 和風ハンバーグ銀あんかけ ……………………… 75

┃炒め物

- バター炒め ………………………………… 7、47
- ベーコンとの炒め物 ………………………… 19
- 豚肉・もやしとの炒め物 …………………… 25
- 卵との炒め物 ………………………………… 43
- エビとの油炒め ……………………………… 73
- 炒りムカゴ …………………………………… 77

┃蒸し物

- 茶碗蒸し ……………………………………… 70
- 酒蒸し ………………………………………… 71

┃巻物

- 磯辺巻き ……………………………………… 47

┃サラダ

- ポテトサラダ ……………………………… 50、69
- 花のサラダ …………………………………… 25
- オーロラソースのサラダ …………………… 31
- 中華風サラダ ………………………………… 51
- ドレッシングサラダ ………………………… 51

┃漬け物

- 甘酢漬け ……………………………………… 67

一口アドバイス

〈 アク（灰汁）抜き 〉

　アク抜きとは、アクで処理するというのが本来の意味ではあるが、一般に食味上好ましくない成分を調理の際に除去することをいう。調理の仕上げをよくするための作業でもある。

　アクの成分には人体に有害なものもあるが、アクを完全に除去すると、その食材固有の持ち味が失われるために、適切に行う必要がある。

●アク抜きのポイント

❶ 熱湯にひとつまみの塩を加えて茹でる。アクの成分は主に水溶性の蓚酸（しゅうさん）、または蓚酸塩、その他の無機成分などであり、これらは塩熱湯に入れて茹でると除去できる。茹で時間は3～4分で細胞膜が破壊し、原形質膜の半透明性を失い、水とともにその成分も流失する。

❷ 山野草はアクの強いものが多いので、茹でた後は、必ず水にさらすようにしたい。

ヤブカンゾウ　　　　　　スイカズラ

和え物

- 酢味噌和え……………………27、37、46、57、59、63
- 胡麻和え………………………………19、21、31、53
- 胡麻味噌和え………………………………45、57、61
- きゅうりとの酢の物………………………………23、67
- 中華風和え物………………………………………7
- エビとの黄身酢和え………………………………13
- お浸し………………………………………………15
- からし和え…………………………………………15
- からしマヨネーズ和え……………………………29
- 黄身酢和え…………………………………………35
- ミズとろろ…………………………………………39
- からしマヨネーズかけ……………………………39
- たらこ和え…………………………………………43
- マヨネーズかけ……………………………………49
- からし酢味噌かけ…………………………………55
- 三杯酢和え…………………………………………55
- 酢味噌かけ…………………………………………65
- 梅肉和え……………………………………………79

汁物

- 味噌汁の浮かし………………………………15、39
- お吸い物の浮かし…………………………………35
- お吸い物……………………………………………41
- 卵とじスープ………………………………………73

お菓子

- ちまき………………………………………………61

一口アドバイス

〈 和え方 〉

❶ 必ず食べる直前に和えるようにする。

❷ 水気をよく絞り、和え物とよく混ぜると、水っぽくない。

ウバユリ 　　　　　　　イワタバコ

ユキザサ 　　　　　　　ウワバミソウ

あとがき

　〈食べられる山野草〉を手がけて３年あまりが経ちました。たくさんの山野草との出会いに心躍らされ、どのようにしたらおいしく食べられるだろうと考える楽しい時間をいただいてきました。

　ことに山が息づく春は忙しく、連日、足を運んでは写真に撮り、採ってきた山野草を調理しては写真に撮り、寝る暇もないほど嬉しい悲鳴をあげたこともありました。

　人気のタラノメは、もうぽつぽつ撮りごろかなと密かにマークしていた場所へ行くと、すでに誰かに採取されたあと……。写真に撮れない空振りの日を何度繰り返したことでしょう。タラノメ、タラノメと呟き続ける私に、山友だちが撮りごろのタラノメをどこそこで見かけたと情報を提供してくれたり、写真クラブのＫさんからは、ご自身がお撮りになったタラノメの写真を収めたCDをプレゼントしていただいたり。そんな山の仲間の大奮闘のおかげさまで、この春やっと、２年越しのタラノメの写真を撮ることができました。手間ひまかかっただけに、嬉しさもひとしおです。

　また、晩秋に何時間もかけ、やっとヤマユリの球根をひとつ掘り出したこともありました。香りの高い、それはきれいな渾身の花を咲かせたあとの球根は、次の世代へ命をつなぐため、根を強く深く張り巡らしています。土を掘りながら、大自然の営みの奥深さに触れた想いがして、気づけば「ゴメンナサイ」「ごめんね」と何度も声をかけていました。鱗片をそっと数枚剥がして土に戻し、「来年も大きくなってね」「ありがとう!!」……山野草への想いが、より深まりました。

心残りは、「カタクリ」のこと。
　春になると、料理屋さんではカタクリの二杯酢を食べさせてくれますが、甘みととろみがあり、オツな味がしておいしいものです。金剛山にもカタクリは愛らしく生育していて、咲き始める３月ごろになると、「今日はルート77を登ってカタクリを見よう」と声をかけあうほど、誰もが待ちこがれ、楽しみにしている山野草のひとつです。背丈は低いのですが花は立派で、陽が当たると花びらが反っくり返ってカールする、それは可愛らしいピンクの花をつける、可憐なカタクリ。数少ない貴重な花だからこそ、写真には撮っても、どうしても採って帰り、料理することはできませんでした。
　山野草を愛でるだけではなく、試食するようになって驚いたのは、すこぶる快腸、快便になったこと。農薬なしの、大自然の中に息づく山野草の生命力の賜だと、深く感じています。
　写真の先生、山の仲間、友人たち、そして出版社の皆さまの温かいご協力を得て、このたび『おいしく食べられる山野草の料理』を出版する運びとなりました。
　いま私は、嬉しさでいっぱいです。ささやかながらこの本が、山と野草と写真、そして料理が好きで、素敵な人たちとの出会いに恵まれた、私の楽しい日々の証しとなればと思っています。
　晴れの日も雪の日も、文句も言わず自慢もせず、そっと息づいている――。
　四季を通じ、励まし、協力してくれた山野草、本当にありがとう!!

　　2012年９月吉日

　　　　　　　　　　　　　　　　　　　　　　　　　　　　道下　暁子

道下　暁子（みちした あきこ）

プロフィール

1938年　兵庫県生まれ
1959年　大阪女子学園短期大学(現大阪夕陽丘学園短期大学)食物科卒業後、
　　　　久保田鉄工㈱に栄養士として入社
1961年　結婚のため久保田鉄工㈱を退社
1970年　大阪女子学園短期大学専攻科入学
1970～1986年　奈良県川西町公民館料理教室講師
1978～1988年　帝国女子短期大学(現大阪国際大学短期大学部)家政科非常勤講師
1986～2005年　堺市美原公民館料理教室講師
1989～2004年　金蘭短期大学(現千里金蘭大学)家政科非常勤講師
1995　「神戸市女性100人」に選出される

　＜参考文献＞
・『薬草毒草300』(朝日新聞社編集・刊)
・『早わかり食べられる山野草12か月』(主婦と生活社編集・刊)
・『山溪名前図鑑　野草の名前　春、夏、秋・冬』(三巻とも高橋勝雄著・山と溪谷社刊)

おいしく食べられる山野草の料理

2013年2月4日　初版第2刷発行　定価はカバーに表示してあります

著者　道下　暁子
発行者　中西　健夫
発行所　株式会社ナカニシヤ出版

〒606-8161　京都市左京区一乗寺木ノ本町15番地
電話　075-723-0111
FAX　075-723-0095
振替口座　01030-0-13128
URL　http://www.nakanishiya.co.jp
E-mail　iihon-ippai@nakanishiya.co.jp

落丁・乱丁本はお取り替えします。ISBN978-4-7795-0687-1　C0077
©Akiko Michishita 2012 Printed in Japan
装丁・印刷・製本　ニューカラー写真印刷株式会社